AF191384

Seelentröster - ein Wispern aus dem Inneren

von Amy Amalia

FSC
www.fsc.org

MIX

Papier aus ver-
antwortungsvollen
Quellen
Paper from
responsible sources

FSC® C105338

Seelentröster - ein Wispern aus dem Inneren

Gedichte

von Amy Amalia

Amy Amalia

c/o IP-Management #19304

Ludwig-Erhard-Straße 18

20459 Hamburg

*Für alle Kämpfer*innen da draußen,
ich werde euch in guten Zeiten beim Leuchten helfen
und in schlechten Zeiten spende ich euch Trost*

1. Auflage, 2024

© Alle Rechte vorbehalten.

Amy Amalia

c/o IP-Management #19304

Ludwig-Erhard-Straße 18

20459 Hamburg

Herstellung und Verlag:

BoD – Books on Demand, Norderstedt

ISBN: 9783758364884

1234-5678-901

Depressionen

MASKE

Jeden Morgen das gleiche Gesicht,
mit keiner schönen Aussicht.
Dunkle Schatten unter den Augen,
Phrasen und Gedanken im Kopf die nichts taugen.
Das Lächeln am Meer vergessen,
da mich alle im Alltag stressen.
Die Tränen hinterließen Spuren,
im Traum vergossen durch gruselige Kreaturen.

Setze die Maske auf die jeder akzeptiert,
welche schon seit Jahren existiert.

Wie kannst du leiden und gleichzeitig fröhlich sein,
man lernt es für den äußeren Schein.
Wie schaffst du es jeden Morgen aufzustehen,
ich schaffe es, denn ich habe dem Leben zu lange
zugesehen.
Was machst du, wenn du nachts wach bist,
ich denke an den Tag, an dem ich das Leben vermisste.
Der Tag an dem mein Traum Gestalt annahm,
an dem diese Gabe wieder kam.

Setze die Maske auf die jeder akzeptiert,
welche schon seit Jahren existiert.

Ist das Leben für dich kein Zwang,
nein nicht mehr, seit ich Hilfe bekam, bevor ich sprang.
Geh doch mal raus an die frische Luft,
dort triggert mich der so vertraute Duft.
Der Duft der Freiheit, die so weit entfernt ist,
denn der Alltag ist und bleibt trist.
Doch ich kämpfe mich zurück dorthin,
siehst du denn nicht, wo ich schon bin.

Setze die Maske auf, die jeder akzeptiert,
welche schon seit Jahren existiert.

Noch muss ich die Maske tragen,
also hört auf euch zu beklagen.
Ich weiß, irgendwann nehme ich die Maske ab,
wenn ich weiß, ich brauche kein Makeup.
Denn wenn ich lächeln kann ohne zu bereuen,
darüber würd ich mich am meisten freuen.
Urteile nicht über die Masken anderer Personen,
denn du weißt nicht, welche Traumata sie dadurch
schonen.

SUCHE NACH STABILITÄT

Da ist dieses Wort »schlecht«,
ich überlege bewertet die Person mich jetzt zu Unrecht.
Habe doch versucht alles richtig zu machen,
trotzdem gehöre ich zu den Schwachen.
Die mögen mich bestimmt nicht mehr,
dabei mag ich sie doch so sehr.

Verliere mich in meiner Emotionalität,
bin dadurch ständig auf der Suche nach Stabilität.

Will so vieles machen und tun,
doch stehe da depressiv und nun?
Soll ich kämpfen und hoffen,
oder bleib ich nur betroffen?
Denk so viel nach,
bevor ich widersprach.

Verliere mich in meiner Emotionalität,
bin dadurch ständig auf der Suche nach Stabilität.

Durch das Denken raucht mir der Schädel,
und andere denken: »komm mal klar, Mädel.«
Du hast doch alle Ressourcen zur Verfügung,
und benutzt sie nicht zur Vergnügung.
Noch mehr machen, nie genug,
ist wie ein Gefühlsentzug.

Verliere mich in meiner Emotionalität,
bin dadurch ständig auf der Suche nach Stabilität.

Will für alle da sein, die mich brauchen,
doch nach der Arbeit bin ich für nichts zu gebrauchen.
Brauche die Melancholie,
und singe meine ganz eigene Melodie.
Vererbt durch das Leid der Mutter,
macht es mich nur noch kaputter.

Verliere mich in meiner Emotionalität,
bin dadurch ständig auf der Suche nach Stabilität.

DER LEICHTERE WEG

Leidensdruck ist ein Wort, das nur die Wenigsten
verstehen,
die das Licht der Freude nicht mehr sehen.
Ich leide unter dem Druck von euren Taten,
bin so verkorkst dadurch geraten.
Leide, weil die Träume mir den Schlaf rauben,
das können die gesunden Menschen nicht glauben.
Glauben, dass es schwer ist aufzustehen,
wenn die schlimmsten Erlebnisse dich quälen,
da hilft es auch nicht, es nur zu erzählen.

»Wähle den leichteren Weg« sagen sie in dir,
fühlst, als wärst du nicht mehr hier.

Schaust dir Kliniken an und denkst, die würden dich
weiterbringen,
doch kannst nicht weg hier, weil die Verantwortungen
dich zum Hierbleiben zwingen.
Versuchst perfekt zu sein,
doch scheiterst schon an deinem eigenen Sein.
Dein Körper schreit nach Erholung,
deine Psyche nach Therapiewiederholung.

Also wähle nicht den leichteren Weg,
suche stattdessen nach einem anderen Ausweg.

Denn es gibt auch andere Möglichkeiten als stationär,
bei denen ich in meinem gewohnten Umfeld wär.

MEIN NEUES ICH

Tief gefallen in ein schwarzes Loch,
rief um Hilfe, rettet mich doch.
Da waren diese Hände und schenkten mir Trost,
war nur tief traurig und nicht erbost.
Ihr redetet mir gut zu,
und sagtet:»denn das Wichtigste bist du.«
Habe den Ausweg gesehen, doch die Kraft fehlte,
zumal ich meine Gefühle oft verhehlte.

Ein neues Ich geschaffen mit Worten,
mit weniger Fragen als Antworten.

Plante mit voller Energie,
das war reinste Ironie.
Gestern noch keinen Sinn gesehen,
heute plane ich ein neues Leben.
Freiheit und Unabhängigkeit,
sind keine Wünsche mehr aus der Vergangenheit.
Geprägt von Sorge alles zu verlieren,
werde ich ab heute mehr riskieren.

Ein neues Ich geschaffen mit Worten,
mit weniger Fragen als Antworten.
Was soll denn schon passieren,
kann nur gewinnen nicht verlieren.
Bei Verlust stehe ich einfach wieder auf,
denn nach allem weiß ich, ich schaffe es wieder rauf.
Rauf nach oben zur persönlichen Perfektion,
das besonders durch Eigenreflektion.
Das Leben genießen ohne Druck,
na komm, gib dir einen Ruck.

Das neue Ich frei und kreativ,
und das ganz positiv.

Gestalte den Tag voller Kreativität,
ohne die geballte Negativität.
Streichel ab und zu meine Seele,
damit ich mich nicht mehr so oft quäle.
Verbringe Zeit mit meinen Träumen,
würde sonst eventuell etwas versäumen.
Die Worte geben Kraft und Mut,
andere ziehen davor ihren Hut.

Das neue Ich frei und kreativ,
und das ganz positiv.

Trotz des Plans ganz spontan,
eine Pause in der Berufslaufbahn.
Alles für meine Gesundheit,
für eine Zukunft mit weniger Unsicherheit.
Neues ausprobieren,
eventuell doch noch studieren.
Oder doch zurück,
mit der Zeit als Erinnerungsstück.

Keiner kann mir meine Zeit nehmen,
schon gar nicht ein soziales Unternehmen.

DER STILLE KÄMPF

Nach außen zeige ich Freude und Unbeschwertheit,
kämpfe innerlich gegen die Dämonen aus der
Vergangenheit.
Kämpfe gegen die Hände, die mich innerlich berühren,
sie wollen mich doch nur aus der Gegenwart entführen.
Kämpfe gegen den Zwang,
verberge nach außen hin meinen innerlichen Drang.
Den Drang alles zu kontrollieren,
würde mit meinem Alltag kollidieren.

Der stille Kämpfer mit dem gebrochenen Herz,
zeigt nach außen hin nicht seinen tiefen Schmerz.

Habe Kämpfe mit meinen Ängsten ausgefochten,
auch wenn die Gefühle hochkochten.
Ängste, die versuchten mich zu kontrollieren,
und auf der anderen Seite die Angst, die Ängste zu
verlieren.
Sie waren mein Schutzschild gegen das Böse da
draußen,
doch zeigten sie sich niemals im Außen.

Hauptsache man lächelt,
damit der Schmerz nicht sichtbar wird da draußen.
Nach der Stille werde ich laut,
weil ich im Reinen bin und das ist so intensiv vertraut.
Zeige, das man nicht still sein muss während des
Kampfes,
egal wie viel ich ertrug von den Punches.

FEHLENDE ENERGIE

Die Reserven sind leer,
egal wie sehr ich mich gegen die Einsamkeit wehr.
Habe Körbe voller Wäsche vor der Brust,
doch raff mich nicht auf und esse aus Frust.
Hab den Druck der Gesellschaft im Kopf,
meine Seele sieht nur noch den Alarmknopf.

Mach was aus deinem Leben,
es hat doch so viel zu geben.

Doch schaue von Wand zu Wand,
vor der ich so oft schon stand.
Will den Urlaub genießen,
doch die Tränen fließen.
Will produktiv sein und ihn nutzen,
müsste aber auch mal die Wohnung putzen.
Soll nun noch die zwei Katzen versorgen,
und halte deswegen mein inneres Chaos verborgen.

Mach was aus deinem Leben,
es hat doch so viel zu geben.

Doch die Reserven sind leer,
und mir fehlt die Freiheit so sehr.
Muss abnehmen für die Gesellschaft,
so die Social Media-Botschaft.
Doch esse nicht, weil ich nicht will,
sondern weil ich es nicht schaffe zum Grill.
Keine Energie trotz elf Stunden Schlaf,
keine Energie für Entscheidungen, die ich traf.

ABGRUND

Ich stehe da am Rande der Klippe,
ziehe den letzten Zug an meiner Kippe.
Merke wie Dämonen an mir zerren,
mir den Weg zum Glück versperren.
Da sind diese dunklen Schatten, die mich umhüllen,
mich von innen mit Angst und Panik erfüllen.
Schaue den Abgrund hinab,
in der letzten Zeit ging es bergab.

Doch die Klippe, vor der ich steh,
tut mir doch so sehr weh.
Soll ich springen und es beenden,
kein Leben mehr mit Angstzuständen.

Doch was ist es für ein Leben, immer Angst haben zu
fallen,
sich vor Angst an toxische Beziehungen zu krallen.
Zu balancieren auf dem Seil des Lebens,
nicht zu fallen ist vergebens.
Zu hoffen dass Menschen mich ernst nehmen,
mit meinen Gedanken, Gefühlen und Problemen.

Aber die größte Frage ist, was passiert nach dem Fall?
Gibt es etwas Gutes danach oder nur einen lauten
Aufprall.
Doch die Klippe, vor der ich steh,
tut mir doch so sehr weh.
Soll ich springen und es beenden,
kein Leben mehr mit Angstzuständen.

Daran zu denken nicht mehr zu leben,
ist keine Möglichkeit Fehler zu beheben.
Doch an schweren Tagen ist der Gedanke leichter als
sonst,
denn im Leben ist nichts umsonst.
Von einem Mensch zu einer Erinnerung,
ein Wandel aus Schmerz und Erleichterung.
Die Fehler bist du zwar los,
doch die Möglichkeit dazu ist aussichtslos.

Will umkehren und die Schleier fliegen lassen,
will mein Leben nicht mehr hassen.
Weg von den dunklen Gedanken,
weg von meiner Selbst der psychisch Kranken.
Wofür schöne Momente verpassen,
wofür Herzensmenschen hinterlassen.
Warum ist das Glücklichsein so schwer,
warum fühl ich mich beim Kämpfen so unheimlich
leer.
Weil Depressionen ernstzunehmen sind,
und ich die Richtung erst im Kampfe find.

IRRGARTEN DER THERAPIE

Mit verbundenen Augen irre ich in diesem Raum,
tief verwurzelt mit meinem Lebensbaum.
Lade meine aktuellen Krisen ab bei dieser Frau,
weiß noch nicht, ob ich ihr meine tiefen Gefühle
anvertrau.
Alltagssorgen holen mich ein,
fühle mich mit den Triggern ganz allein.
Rutsche in ein tiefes Loch,
erzähle ihr davon und hoffe immer noch.
Hoffe, dass sie mir daraus hilft mit einem guten Rat,
das tat sie, indem sie mich berat.
Dachte, nun ist das Vertrauen da,
was ich noch nicht nutzen konnte, da ich mich nach
Stabilisierung umsah.
Unterstützte mich zu diesem Ort zu gehen,
dadurch blieb ich nicht mehr stehen.

Hoffnung gesund zu werden kam nun hervor,
sammelte Motivation wie nie zuvor.

Fand Wege mich auszudrücken ohne zu sprechen,
dachte damit könnte ich meine inneren Monster
brechen.
Schrieb mir Traumata von meiner Seele,
und es war auf einmal trocken in meiner Kehle.
Kämpfte jeden Tag um meine Lebenslust,
dass sie noch da war, war mir schon bewusst.
Kämpfte mich durch Schmerzen und Nebenwirkungen,
mit massiven Auswirkungen.
Fand Menschen, die mich verstanden,
hörte wie unsere Krankheiten uns verbanden.
Zog Potential aus meinen schlechten Tagen,
damit es leichter wird, diesen Rucksack zu tragen.
Ging mit einem Lächeln und neuem Mut,
mit weniger innerlicher Wut.

Hoffnung gesund zu werden kam nun hervor,
sammelte Motivation wie nie zuvor.

Saß nun wieder in dem Sessel vor ihr,
erzählte ihr von dem Haufen beschriebenen Papier.
Dort, wo meine Traumata mit mir sprachen,
die mich davor in den Nächten brachen.
Sie nahm keine Notiz davon und sah mich an,
wie kann es sein, dass sie so glücklich sind, war wie
sie begann.

Hinterfragte, ob das schlecht ist sich gut zu fühlen,
sollte mich doch beschäftigen mit meinen Gefühlen.
Erzählte von den Ausdrücken die ich gelernt habe,
und meine Probleme nicht mehr begrabe.
Sie fragte, ob ich die schlechten Gedanken verdrängte,
da kam das schlechte Gewissen hervor, welches das
gute Gefühl sprengte.
Ich schüttelte den Kopf und sagte, mir geht es besser,
dann bräuchte ich ja keine Therapie, das schmerzte wie
ein scharfes Messer.

Hoffnungen schwinden, dass ich komme voran,
und das alles, bevor die Therapie richtig begann.

Versuchte montags keine guten Gefühle zu zeigen,
wodurch sie anfingen auch unter der Woche zu
schweigen.
Fiel in ein Loch voller Angst zu versagen,
dass sind die Ängste, die mich gerade plagen.
Hinterfrage seitdem, ob ich jemals richtig gefühlt habe,

und wie ich die Gefühle weiter handhabe.
Versagen zu können im zwischenmenschlichen
Kontakt,
ist anscheinend ein großer Balanceakt.
Schaffe ich es jemals richtig zu kommunizieren,
und muss ich mich dafür erstmal identifizieren?

Dachte vorher, kommunizieren kann ich,
doch anscheinend ist die Therapie mit ihr da nicht
förderlich.
Fühle mich danach komplett falsch in meinem Leben,
kann so auch keine Freude geben.

Der Rückhalt gibt mich nicht auf,
baut in mir wieder Mut herauf.

Konfrontiere sie mit allem Mut,
mit innerlicher Wut.
Wut auf mich, dass ich ihren Worten so viel Gewicht
gab,
und mein innerlicher Mut dabei starb.
Schlug vor, eine andere Methode zu probieren,
um den Therapieplatz nicht zu verlieren.
Will nicht mehr auf dieser Stelle stehen,
möchte die Probleme endlich angehen.
Weiß nur nicht wie allein,
weiß nur, ich möchte meine Seele befreien.
Bin für jeden Tipp offen,
und über die verschwendete Zeit betroffen.
Will nun alles tun damit es funktioniert,
doch das Gespräch hat mich nur weiter frustriert.

Nun muss ich es doch nochmal wagen,
diesen Therapieplatz zu hinterfragen.

TEUFELSKREIS

Fühle keine Sicherheit ohne Struktur,
bin für Hilfe dann doch zu stur.
Will es dieses Mal länger schaffen,
ein Leben mit Stabilität erschaffen.
Sehe meine Verantwortung,
und weiß: Weglaufen ist keine Lösung.

Doch dann ist da diese Stimme, die sagt,
es wird weiter gehen, auch wenn deine Kraft versagt.

Fange an, die Tränen nicht zu zählen,
denn dann würde ich die Psychiatrie wählen.
Weiß mein Leid ist noch zu groß,
und die Zukunft oft noch aussichtslos.
Schreie innerlich nach Verständnis,
fühle mich wie in einem innerlichen Gefängnis.

Doch dann ist da diese Stimme, die sagt,
es wird weiter gehen, auch wenn deine Kraft versagt.

Ja natürlich wird es weiter gehen,
doch ich merke, ich bleibe auf der Stelle stehen.
Ohne diesen geschützten Rahmen, verloren,
doch nicht so schnell wiederzukommen hab ich mir
geschworen.
Im Zwiespalt mit der Freude und der Trauer,
macht es mich nur noch sauer.

Doch dann ist da diese Stimme, die sagt,
es wird weiter gehen, auch wenn deine Kraft versagt.

Jeder erwartet Perfektion,
leistet diese aber nicht in so einer Situation.
Ob jung oder alt,
dort gibt es für jeden Halt.
In den Nächten rede ich mir ein,
so schlecht kann das Leben doch nicht sein.

HEIMWEH

Bist in einem fernen Land,
vergräbst die Füße im Sand.
Die Sonne strahlt dich an,
doch die Zeit endet irgendwann.
Man fühlt sich frei, schön und wie neu,
doch dann sind da diese Gedanken abends, die ich
bereu.

Sehnsucht nach dem eigenen Heim,
doch der Gedanke bleibt geheim.

Der Kopf rotiert und die Gedanken kreisen,
dabei wollte ich mir mit alldem etwas beweisen.
Beweisen, dass ich überall wo ich bin Probleme habe,
egal wie tief ich auch grabe.
Sehne mich nach dem Vertrauten,
nach all den gereihten Altbauten.

Sehnsucht nach dem eigenen Heim,
doch der Gedanke bleibt geheim.

Schätze die Erfahrung,
doch bald ist sie nur noch eine Erinnerung.
Genauso wie die freie Zeit,
fürs Arbeiten trotzdem nicht bereit.
Zu viele Chancen nicht ergriffen,
zu wenig Erinnerungen geschliffen.

Sehnsucht nach dem eigenen Heim,
doch der Gedanke bleibt geheim.

Hallo du,

du wunderst dich bestimmt, warum du einen Brief von mir bekommst. Na ich verrate es dir, ich bin ein kleiner Seelentröster nur für dich.

Ich bin hier, um dich zu trösten. Die Gedichte sind nicht so leicht zu verdauen, gerade wenn man sich in manchen Worten wiederfindet. In der Dunkelheit der Worte.

Viele wünschen sich ein sorgloses Leben, doch wenn wir dies hätten, wie sollten wir dann die Wunder im Leben zu schätzen wissen? Ja, das Leben ist auch manchmal nicht so leicht. Die Depressionen, eine Volkskrankheit, welche die Menschen vergessen lässt, wie wunderbar das Leben sein kann. Ich selber kenne die dunklen Gedanken. Die Gedanken fortzugehen und nie wiederzukommen. Ja ich verstehe dich. Und auch wenn ich oft mein Bestes gebe die guten Momente zu genießen, kommt ab und zu diese dunkle Wolke. Mir hilft es, wenn ich nicht alleine versuche, die Wolke wegzupusten. Ich habe in meinem Leben Menschen kennengelernt, welche durch ihr Lachen und ihre positive Art mir schon oft geholfen haben, sie wegzupusten.

Ich möchte gerne in diesem Brief mit dir die dunklen Wolken zusammen wegpusten.

Denk immer daran, ohne Regen gibt es keinen Regenbogen.

Denk daran, was du schon alles geschafft hast, du darfst stolz auf dich sein. Auch wenn du dich gerade nicht danach fühlst.

Du bist nicht alleine in der Dunkelheit. Und wenn du das Gefühl hast, du bist alleine, so glaube mir, ich bin gerade für dich da, nur für dich, während du diese Zeilen liest.

Ich reiche dir meine Hand, damit du sicher durch den dunklen Abschnitt in deinem Leben kommst.

Denk daran, dass du jeden Tag wieder von vorne beginnen kannst.

Denk daran, dass es da draußen auch für dich Hilfe gibt, wenn du mal nicht weiter weißt.

Ich habe gelernt, dass ich die dunklen Tage für das Schreiben nutzen kann....

Es ist meine Superkraft, was ist deine Superkraft?

Vielleicht hast du gerade noch keine Antwort darauf und das ist vollkommen in Ordnung.

Superkräfte kann man überall finden....

- ob im Haushalt beim Putzen, wo *deine Superkraft das Saubermachen ist.*

- beim Spazierengehen in der Natur, wo *deine Superkraft das Erkunden der Natur ist.*

- beim kreativ sein, wo *deine Superkraft ist, dir etwas auszudenken und etwas herzustellen.*

- beim Lesen, wo *deine Superkraft ist, in fremde Welten eintauchen zu können.*

Überall sind Superkräfte versteckt, vielleicht magst du auf die Reise nach deiner Superkraft gehen.

Der Vorteil dabei ist, man fühlt sich direkt viel cooler, weil man seine eigene Superkraft hat.

Liebe Grüße, deine Amy

Herzensangelegenheiten

HERZRAUM

Ein Raum tief im Innern,
konnte mich an ihn nicht erinnern.
Wie eine rosa Blase aufgebaut,
mit Fenstern eingebaut.
Mit einer Hängematte zum Schaukeln,
brauchte dort niemandem gute Laune vorgaukeln.
Dort ist ein lieber Mensch mit mir drin,
dass dieser Mensch da war, ergab nun einen Sinn.
Dieser Mensch sollte mir helfen mich zu heilen,
und nicht an mir feilen.
Durch sanfte Berührungen am Kopf,
über die Stirn bis zum Zopf.

Mein Herzraum ist besonders und einzigartig,
in seiner Gestalt heilsam und kreisartig.

Sanfte Klänge dringen in mich ein,
meine Gefühle wahren nicht den Schein.
Sie können sich frei entfalten,
die Zuneigung lässt sich nicht aufhalten.
Ein Gesang wie Engelsgleichen,
ein inneres Friedenszeichen.
Warm in mir mit leichtem Wind,

die dunklen Schatten fliegen fort geschwind.
Neben der Hängematte eine Skulptur in Herzgestalt,
nur umgeben mit Positivem anstatt Gewalt.
Ein sicherer Ort tief in mir drin,
nun ergibt der Herzraum einen Sinn.

Mein Herzraum ist besonders und einzigartig,
in seiner Gestalt heilsam und kreisartig.

ANGST GESUND ZU WERDEN

Sehe endlich ein Licht am Ende,
doch starre nur an die Wände.
Was ist, wenn ich gesund werd,
und mein Unterbewusstsein sich dagegen wehrt.
Dann ist niemand mehr bei mir,
habe Angst, dass ich mich wieder verlier.

Dann bin ich ganz allein da draußen,
keiner sieht den Schmerz von außen.
Den Schmerz, gegen den ich den Kampf gewann,
und nicht den Ort, an dem alles begann.
Die Reise zur mentalen Gesundheit,
liegt nun in der Vergangenheit.

Doch die Angst dies wieder zu verlieren,
und nur noch zu existieren.

Sehe den Weg, der hinter mir liegt,
und mein inneres Kind, welches dabei siegt.
Was war damals der Auslöser für all das,
sah, was ich alles in der Zeit verpass.
Dann kam dieser eine Moment, in dem wir uns
verbanden,
und haben uns nach kurzer Zeit verstanden.

Dann war das Eis gebrochen,
und ich habe dir etwas versprochen.
Den Tag streiche ich mir im Kalender an,
an dem unsere Reise begann.
Die Zeit bleibt auch nicht stehen,
und werden nicht mehr nach dem Alten flehen.

Doch die Angst dies wieder zu verlieren,
und nur noch zu existieren.

Du bist mein inneres Kind,
davor bin ich nicht mehr blind.
Welches mir Hoffnung schenkte jeden Tag,
auch wenn ich dich so vieles frag.
Ein Geschenk, das keiner sieht,
dabei wissen sie nicht wie so etwas geschieht.

Du brauchtest nur eine kurze Umarmung,
und etwas Beachtung.
Welches dir das Gefühl gab geliebt zu werden,
ganz laut und nicht in Gebärden.
Ein wichtiger Aspekt der bedingungslosen Liebe,
bei dem ich am Liebsten bliebe.

Doch die Angst dies wieder zu verlieren,
und nur noch zu existieren.

INNERE WELT

Ein Labyrinth voll kleiner Kammern,
kann mich an keine so einfach klammern.
Mal sind sie hell und freundlich gestaltet,
andere düster, trist und veraltet.
Unternehme in den Träumen eine Reise in die innere
Welt,
auch wenn der Kopf sich dagegen stellt.
Mein Herz will neue Kammern entdecken und ist
neugierig,
doch im Dunklen ist das Orientieren schwierig.

Erkunden und entdecken,
um die Gefühle zu wecken.

Eine Hand reicht mir eine Taschenlampe,
zur Zeit keine Warnlampe.
Ich leuchte das Licht in Richtung der Hand,
da lehnt mein inneres Kind an der Wand.
Schüchtern nähere ich mich ihr,
sie nimmt mich in den Arm und flüstert: »keine Scheu, du
und ich sind doch ein Wir.«
Wir laufen gemeinsam durch die dunklen Gassen,
sehen wie einige dunkle Kammern verblassen.

Erkunden und entdecken,
um die Gefühle zu wecken.

Verschiedene Wohnorte des Kindes,
verblassen durch den Hauch des Windes.
Da kommen die Kammern mit dem dicken Schloss,
und als ich es ansprach sah ich wie die Träne floss.
Ich wusste, dass ich die Kammern irgendwann öffnen
muss,
aber nicht direkt im Anschluss.
Denn die Reise beginnt bei den geöffneten,
diese wir nicht verleugneten.

Erkunden und entdecken,
um die Gefühle zu wecken.

Dann kamen wir an einer kleinen Wabe an,
ich sagte ihr, glücklich zu werden ist nun dran.
Stumm schaute mein inneres Kind hinein,
da kann ich glücklich sein?
Ich nickte und gab ihr einen Ruck,
und sah ihren glücklichen Ausdruck.
Sie fragte: »Wann muss ich weiter gehen?«
Noch nicht meine Kleine, ich bleibe hier erstmal
stehen.

Und so wurde ihre Gestalt etwas heller,
die Sonnenstrahlen strahlten etwas greller.
Glück findest du überall mein Kind,
du musst nur wissen, das es verschiedene Richtungen
sind.

LEICHTSINN

Versteckt hinter meiner Mauer,
merkte ich nicht den Regenschauer.
Den Schauer, den du mitbrachtest,
habe ihn auch nicht gespürt als du bei mir
übernachtetest.
Verflossen wie heiße Kerzen,
spürten unsere pulsierenden Herzen.
Doch nach der Zeit erloschen die Flammen,
standen Hand in Hand dort zusammen.

Unsere Liebe könnte so leicht sein,
doch du brachtest Regen anstatt Sonnenschein.

Ging mit dir durch jeden Sturm,
doch in unserer Beziehung war schon der Wurm.
Er zerfraß alles, was wir uns hart erbauten,
egal in welche Richtung wir auch schauten.
Führten lange Diskussionen,
doch verpassten die richtigen Stationen.
Die Stationen um zu verschnaufen,
es fühlte sich an als würden wir unsere Liebe
verkaufen.

Unsere Liebe könnte so leicht sein,
doch du brachtest Regen anstatt Sonnenschein.

Die Stille fing an uns einzuschließen,
anstatt gemeinsam ineinander zu fließen.
Schossen mit Vorwürfen, die uns voneinander
entfernten,
wendeten nichts an von dem Gelernten.
Sehnten uns nach Unbeschwertheit,
die befand sich bei uns in unserer Vergangenheit.
Mit Leichtsinn zogen wir zusammen, um alles zu
retten,
in der Hoffnung wir könnten die Fehler vergessen.

Unsere Liebe brach endgültig mit all den Sorgen,
du entschiedst dich mich einfach zu entsorgen.
Packtest deine Sachen mit Tränen in den Augen,
sagtest Phrasen, die nichts taugen.
Der Leichtsinn verhalf uns zu mehr Klarheit,
mit der bitteren Wahrheit.

EIN LETZTER BLICK

Meine Füße tragen mich zu diesem Platz,
an dem ich kämpfte mit riesigem Einsatz.
Gab immer mein Bestes,
dachte es wäre was Festes.
Dass wir unseren Weg gemeinsam gehen,
doch wir blieben stehen.
Stehen an diesem Platz,
und jeder mit verschiedenem Einsatz.

Ein letzter Blick auf die gemeinsame Zeit,
sich zu trennen war eine Möglichkeit.

In deinen Augen spiegelte sich die Traurigkeit,
doch deine Tränen sind meine Vergangenheit.
Meine Tränen hast du einfach nicht gesehen,
als sie kamen bei diesem einen Geschehen.
Blickten uns in die Augen,
trauerten um die möglichen Fantasien, die nichts
taugen.
Die Fantasien, die wir konstruierten,
denn wir gehörten nicht zu den Situierten.

Ein letzter Blick auf die gemeinsame Zeit,
vielleicht war das auch eine neue Gelegenheit.

Eine Gelegenheit, die Welt nochmal aus anderen
Augen zu sehen,
dann bleibt man nicht auf der Stelle stehen.
Du und ich sind freier als wir je waren,
können uns so weiteres Leid ersparen.
Ich kann meine Träume verwirklichen,
und du kannst dich konzentrieren auf andere Dinge, die
Wesentlichen.
Wir haben als Schatz die schönen Erinnerungen,
und sind nun offen für die Veränderungen.

Ein letzter Blick auf die Erinnerungen in der Schatztruhe,
mit Abstand und Ruhe.

GENUG

Ich bin genug, um Liebe zu erhalten,
und so sollte ich mich auch verhalten.
Ich bin genug von allem Guten und Schlechten,
mit allen Rechten.
Ich bin genug, um glücklich zu sein,
und das mittlerweile auch allein.

Ich zeige euch meinen Wert,
habe es euch so oft erklärt.
Erklärt, dass ich genug bin,
und das nicht nur als Erzieherin.

Ich zeige euch jeden Tag, dass ich genug sein kann,
vielleicht rafft ihr es dann auch mal irgendwann.
Ich zeige euch meine Talente und Schwächen,
dass ich genug bin, ist mein Versprechen.
Ich zeige euch meine Kreativität,
bin gut genug und zeige so Individualität.
Ich zeige euch, dass man auch kaputt sein darf,
und sich trotzdem genug fühlen kann auch ohne
Bedarf.

Ich zeige euch meinen Wert,
habe es euch so oft erklärt.
Erklärt, dass ich genug bin,
und das nicht nur als Erzieherin.

Ich kann meinen Wert erkennen und lieben,
das ist nicht egoistisch oder übertrieben.
Ich kann frei sein ohne die Fesseln der Gesellschaft,
entreiße mich von der angeblichen Verwandschaft.
Ich kann lachen auch als Depressive,
erschaffe mir meine eigene Perspektive.
Ich kann weinen und stark sein zugleich,
das, Liebe Gesellschaft, nenne ich reich.

Ich hebe nicht mehr für alles meine Hand,
und stärke so mein inneres Band.
Ich hebe keine Scherben mehr auf,
nehme die Imperfektion in Kauf.

Ich wünsche mir mehr Vertrauen in mich,
bin genug für mich und dich.
Ich wünsche mir Frieden auf der Welt,
in der ihr weniger Forderungen an mich stellt.
Ich wünsche mir mehr Entwicklung in mir drin,
dabei weiß ich noch nicht wohin.
Ich wünsche mir Zuneigung für mein genug,
da ich damals genug ertrug.

GEMEINSCHAFT

Nun bin ich da in dieser Riesengruppe,
erwarte nicht mehr, dass ich es alleine wuppe.
Da ist die Person, welche immer ein offenes Ohr und
Auge auf mich hat,
dass sie meine positiven und negativen Gefühle
akzeptiert, macht mich platt.
Wir haben beide unsere Macken,
doch trotzdem wissen wir beide, dass wir es zusammen
packen.
Wir kennen unsere tiefsten Geheimnisse,
auch von bereichernden Geschehnissen.
Halten auch in der Not beisammen,
in der unsere Tränen fließen, zusammen.
Geben uns Halt und Stütze,
tatest eins, mich beschützen.

Eine Gemeinschaft, die zusammen gewachsen ist,
mit Menschen, die man schon nach kurzer Zeit
vermisst.

Musik erklingt und ich spüre diese positive Energie,
unsere gemeinsamen Gespräche waren wie Magie.
Man fühlt sich verbunden und freut sich aufeinander,
es ist ein harmonisches Miteinander.
Dann die Gespräche über Veränderungen,
aber auch über Belastungen.
Kein Gespräch verging so, dass es mir am Ende nicht
besser ging,
auch wenn ich mir alles von der Seele sing.
Diese Verbindung alles zu schaffen,
mit unseren Leidenschaften als Waffen.

Eine Gemeinschaft, die zusammen gewachsen ist,
mit Menschen, die man schon nach kurzer Zeit
vermisst.

Dann diese Wärme, die mich umhüllt,
und sie den Raum mit gemeinsamen Lachen erfüllt.
Diese Hand, die ich ergreifen darf,
wenn mich etwas tief betraf.
Wir tanzten um das Feuer,
saßen zusammen hinter dem Steuer.
Spüre jedes Mal die Vertrautheit,
merke, es ist gut für meine Gesundheit.
Auch wenn wir mal nicht weiter wissen,
haben wir nicht hingeschmissen.
Suchten gemeinsam mit der Gemeinschaft nach
Antworten,
Hilfe in verschiedenen Sorten.

Eine Gemeinschaft, die zusammen gewachsen ist,
mit Menschen, die man schon nach kurzer Zeit
vermisst.

Kreativ im Alltag bleiben,
gemeinsam mit der Gruppe und dir schreiben.
Über viele Themen philosophieren,
mögliche Szenen in Form von Schrift inzenieren.
Gefühle besprechen durch die Dichtkunst,
brauchtest du bei mir keine Überredungskunst.
Tiefe Gespräche über die Heilsamkeit vom Schreiben,
ließ mich im kreativen Schreiben bleiben.
Hilfe bekam ich durch die Poesie,
und durch dich auch irgendwie.
Du hast mich motiviert an meiner Leidenschaft
festzuhalten,
dass es mich weiter bringt, damit hast du Recht
behalten.

Eine Gemeinschaft, die zusammen gewachsen ist,
mit Menschen, die man schon nach kurzer Zeit
vermisst.

DER TAKT

Zwei Herzen ein Takt,
dass wir seelenverwandt sind, ist ein Fakt.
Wenn du leidest, leide ich mit,
helfe dir egal womit.
Brauch dich nicht zu verfolgen auf Schritt und Tritt,
denn unsere Herzen haben denselben Schritt.
Zwei Herzen schlagen gleich,
von außen hart, von innen weich.

Der Rhythmus des Lebens pulsiert in uns drin,
sehe in unserer Zukunft einen Sinn.

Zwei Räume, die verschieden sind,
dort wo unsere Reise beginnt.
Zärtlichkeit steht hier im Vordergrund,
denn dies macht mich vielleicht gesund.
Geborgen werden von der Herzenswärme,
in mir drin lauter Schwärme.
Zwei Räume voller Liebe,
geprägt von Nächstenliebe.

Der Rhythmus des Lebens pulsiert in uns drin,
sehe in unserer Zukunft einen Sinn.

NICHT ERWIDERTE LIEBE

Ich stehe hier am Fenster und denke an dich,
frage mich, denkst du vielleicht auch an mich.
Höre deine Stimme und fühle mich geborgen,
doch halte meine Gefühle vor dir verborgen.
Es könnte so viel Gutes zerstören,
wünsche mir manchmal die Gefühle würden einfach
aufhören.
Dabei sind wir beide erwachsen,
können über unsere Gefühle hinauswachsen.

Doch da ist die innere Sehnsucht nach mehr,
solche Gefühle wünsche ich mir doch so sehr.
Die Vernunft spricht zu mir,
lass die Gefühle nicht zu, es gibt kein Wir.

Wie sehr wünsche ich mir ein gemeinsames Wir,
nur allein mit dir.
Wie sich unsere Lippen berühren würden,
dabei stehen wir vor so vielen Hürden.
Du bist nicht frei und ich nicht gesund,
dabei liegt unsere Freundschaft doch im Vordergrund.
Könnten wir all dies zusammen erleben,
oder sollte ich mich daran gewöhnen aufzugeben.

Doch da ist die innere Sehnsucht nach mehr,
solche Gefühle wünsche ich mir doch so sehr.
Die Vernunft spricht zu mir,
lass die Gefühle nicht zu, es gibt kein Wir.

DIE

WAHRHEIT

Hast mich in meinen tiefen Phasen erlebt,
hast mit mir zusammen Pläne gewebt.
Hast mir eine Schulter gegeben als ich sie brauchte,
auch wenn ich eine nach der anderen rauchte.
Warst da, als niemand anderes an mich heran kam,
und auch als ich mehr Hilfe annahm.

Doch nun sind da Gefühle, die ich nicht beschreiben
kann,
hoffe, sie ändern sich irgendwann.

Denn wenn nicht, stehe ich wieder da allein,
bin allein mit meinen Gefühlen und dem Sein.
Ich zu sein ist nicht so leicht,
denn meistens wird aus solchen Gefühlen kein
vielleicht.
Kann mit Niemanden so ehrlich sein wie mit dir,
außer vielleicht mit meinen Versen auf dem Papier.

Doch nun sind da Gefühle, die ich nicht beschreiben
kann,
hoffe, sie ändern sich irgendwann.

Schaue in die Zukunft ohne Plan,
alles Gute dabei ist meist spontan.
Spontan zu improvisieren,
hilft mir mich zu stabilisieren.
Doch nun fällst du weg, wenn du es weißt,
auch wenn es dich vielleicht wie mich zerreißt.

Doch nun sind da nicht nur die Gefühle, sondern auch
Angst,
dass du irgendwann die Wahrheit verlangst.

SEELENTRÖSTER
BRIEF
2

Hey du,

in dem Kapitel bist du in einen Teil meines Herzens gestolpert. Anatomisch gesehen ist es nur ein großer Muskel, es pumpt Blut durch unseren Körper. Das Herz hält uns am Leben.

Manchmal nehmen wir Menschenkinder uns ganz schön viel zu Herzen. Und manchmal brechen dadurch Teile von unserem Herz.

Doch dann sind da wieder Menschen, Menschen die dich tief berühren. Sie zeigen dir, wie wertvoll du bist. Ja, sie sind die Menschen, die Kleber mitbringen und die Teile wieder ankleben. Sie verschönern uns, obwohl wir tief gebrochen waren.

Ich bin dein Seelentröster für das kleine Herzchen in dir, ich schlage nur für dich.

Ich bin deine Schoki und dein Kleber fürs Herz. Viele Menschen haben nicht so viel Glück wie ich, sie haben keine Menschen, die ihnen helfen sich zusammen zu kleben. Keine Tiere, die sie mit Küsschen zusammen setzen. Nein, sie haben Niemanden.

Und, hey es liegt nicht an dir, du bist wertvoll. Du kannst dein Herzchen selbst kleben, es ist nicht so einfach wie mit jemand anderem zusammen.

Es ist nicht so einfach wie mit jemand anderem zusammen. Aber die gute Nachricht ist, es funktioniert. Jetzt fragst du dich, wie kann ich mein Herz zusammen kleben und das auch noch allein? Ich verrate es dir: es sind die kleinen Wunder. Die Sonnenstrahlen, die dich bedingungslos wärmen, die Regentropfen, welche dich reinigen von all dem Schmutz der Welt. Bücher, welche dir Worte geben, welche die du vielleicht nie hören konntest. Durch diese kleinen Wunder, so kannst du dein Herzchen kleben.

Vielleicht auch durch die Worte hier aus dem Buch. Auf dich warten noch zwei kleine Seelentröster und das Gute ist, du hast sie mit diesem Buch immer beisammen.

Bis bald, du wunderbares Menschlein.

Deine Amy

Mein inneres und äußeres Ich

KÖRPER

Dehnungsstreifen zieren meine Haut,
ich habe sie lange nicht gezeigt, damit die Gesellschaft
nicht blöd schaut.
Wie kann man nur glücklich sein mit mehr Gewicht
fragten sie,
ich wusste nicht, dass Glück davon abhängig ist
irgendwie.
Mein Körper trägt mich überall hin,
ihn zu lieben macht da ja wohl Sinn.
Ihn pflegen für die harte Leistung Tag und Nacht,
denn nur er hat über mich die Macht.

Ich schreibe über meinen Körper,
und mir fehlen dafür nicht die Wörter.

Kannst du nicht einfach weniger essen,
aber lass dich bloß nicht stressen.
Die Worte hörte ich zu oft,
nahm zu ganz unverhofft.
Ich esse doch ganz normal,
aber du hattest immer noch eine andere Wahl.

Ach ja, redet ihr etwa von Magenverkleinerung und
Diäten,
das waren nicht meine Prioritäten.
Ich schreibe über meinen Körper,
und mir fehlen dafür nicht die Wörter.

Ich liebe meinen Körper, dass er durch Schatten ging,
auch wenn mein Leben nicht davon abhing.
Er hält mich warm, wenn ich alleine frier,
kämpft gegen jeden Infekt wie ein Stier.
Musste Schläge und Schreie verarbeiten,
dadurch Negatives abarbeiten.

Ich schreibe über meinen Körper,
und mir fehlen dafür nicht die Wörter.

Ich konnte durch die Hölle rennen,
mein Körper konnte trotzdem pennen.
Er heilte Wunden von ganz allein,
auch wenn ich ab und zu mal wein.
Tränen schenkte er mir für all die bösen Worte,
und zeigte mir sichere Orte.
Er gab mir Zärtlichkeit, wenn ich sie brauchte,
auch wenn ihn irgendwer missbrauchte.

Ich schreibe über meinen Körper,
und mir fehlen dafür nicht die Wörter.

Also sag mir nicht, ich darf ihn nicht lieben,
denn diese Worte waren auch nicht untertrieben.
Sie verletzten meine Seele sehr,
zu groß war diese Last und auch zu schwer.
Ich konnte kaum atmen, nicht wegen dem
Mehrgewicht,
sondern wegen eurem nicht vorhandenen sprachlichen
Verzicht.
Also lasst mich einfach mit meinem Körper im
Einklang sein,
denn das lässt auch eure Seele rein.

HOCH UND  TIEF

Fühl mich wie ein Boot auf hoher See,
die Stimmung schwankt und mir tut innerlich alles nur
noch weh.
Denk an die Verantwortung, die ich hab,
und meine Gefühle fliegen nur bergab.
Hoch und Tief in mir drin,
ist mein Leben ein Gewinn.
Schreibe, damit ich nicht falle,
auch wenn ich mich dafür an die winzigsten Dinge
kralle.

Würde lieber gehen und nichts mehr müssen,
hab zu viel von den ganzen Einflüssen.

Sehne mich nach dem Ort, an dem ich so sein kann wie
ich bin,
sie sehen mich dort als Gewinn.
Ich sehe nur lauter Probleme in mir,
fühle, wie ich alles verlier.
Meinen Job, Freunde und meinen Verstand,
so ist es aber auch keine Lösung in diesem Zustand.

In diesem Zustand hilft nur Zuneigung und
Verständnis,
ohne ein umfassendes Geständnis.
Würde lieber gehen und nichts mehr müssen,
hab zu viel von den ganzen Einflüssen.

Fünf Gespräche gleichzeitig,
merke es nicht frühzeitig.
Nichts zu verpassen was wichtig sein kann,
doch innerlich warte ich auf die Stille irgendwann.
Wenn es still ist, warte ich darauf zu erzählen,
doch muss mich nun mit der Einsamkeit quälen.
Dort wo die Gedanken schreien:»wir wollen zurück!«
sie wünschen sich doch nur etwas Glück.

MEHR ZU SEIN

Jeden Morgen dasselbe Spiegelbild,
zu sehen eine zarte Gestalt mit riesigem Schutzschild.
Durch Kleidung versucht zu kaschieren,
um nicht noch den letzten Mut zu verlieren.
In Gedanken bei den vielen Blicken,
welche laut schreien, wieder eine von den Dicken.

Mehr zu sein und zu hören,
meine Kilos würden die Gesellschaft stören.

Nehme ein bisschen Obst mit,
statt ein Schokobrot und denke voll der Fortschritt.
doch dann sagen sie mir Obst hat zu viel Zucker,
du hast bestimmt eh schon einen hohen Blutzucker.
Achte auf deine Ernährung,
und vergiss dabei nicht die Bewegung.

Mehr zu sein und zu hören,
meine Kilos würden die Gesellschaft stören.

Denk doch daran, die Männer wollen keinen Schwabbel,
dabei möchte ich keinen Mann in meiner sicheren
Bubble.
Wer gibt euch das Recht über mein Gewicht zu
urteilen,
und mich auf die demütigendste Art zu verurteilen.
Ihr kennt alle nicht die Gründe für die Zahlen auf der
Waage,
doch zu hinterfragen ist wohl nicht mehr modern
heutzutage.

Mehr zu sein und zu hören,
meine Kilos würden die Gesellschaft stören.

Ihr verbietet uns einen Bikini anzuziehen,
versucht uns lieber mit Diätratschlägen umzuerziehen.
Erzählt uns, sowas muss doch nicht sein in der
Öffentlichkeit,
ihr hört aber nicht all meine Schluchzer aus der
Vergangenheit.
Welche ich wegen diese Sprüche vergoss,
und mich und meinen Körper in dieses Schutzschild
schloss.

Mehr zu sein und zu hören,
meine Kilos würden die Gesellschaft stören.

Doch ich kämpfe gegen diese Stimmen an,
zeige mich stets so wie ich bin mit allem drum und
dran.
Zeige Kurven und auch Streifen,
damit es diese Menschen mal begreifen.
Begreifen, dass mehr zu sein in Ordnung ist,
und dies schreie ich solange, bis ihr es wisst.

VERWIRRT

Warum, warum bin ich nur so dumm,
falle hin und stehe auf, warum.
Darum, weil ich das Leben liebe,
die schlechten Gedanken heraussiebe.
Versuche wieder das Licht am Ende des Tunnels zu
sehen,
und weiter zu gehen.
Ja, aber was passiert, wenn ich doch stehen bleib,
und nicht mehr schreib.

Ja dann fangt ihr mich auf,
helft mir hoch hinauf.
Mich wieder lieben zu lernen,
mit dem Blick zu den Sternen.

Sehe weiße Wände, welche mich beschützen,
habe Menschen, die mich unterstützen.
Doch fühle mich verlassen von mir selbst,
und höre, wie du mir Egoismus unterstellst.
Hilfe angeboten und abgelehnt,
fast ein halbes Jahrzehnt.
Doch fühle diesen Schutz um mich herum,
will ihn festhalten in einem Vakuum.

Ja, dann fangt ihr mich auf,
helft mir hoch hinauf.
Mich wieder lieben zu lernen,
mit dem Blick zu den Sternen.

Doch ich kann nicht für immer bleiben,
muss in die weite Welt hinaustreiben.
Soll Verantwortung tragen,
und nicht mehr zu viel sagen.
Muss Schmerzen erleiden jede Nacht,
kann es keinem erzählen, der über mich wacht.
Werde verurteilt für etwas, was ich mir nicht
ausgesucht hab,
ab da lief es nur noch bergab.

Ja, dann fangt ihr mich auf,
helft mir hoch hinauf.
Mich wieder lieben zu lernen,
mit dem Blick zu den Sternen.

Habe alles zum Glücklichsein,
fühle mich trotzdem oft allein.
Brauche Sachen, um mich festzuhalten,
vor meinen inneren Gestalten.
Doch sie fangen mich jede Nacht,
es fühlt sich an wie in einem nie endenden Schacht.
Keinen Ausweg aus diesem Labyrinth,
wo mir meine Seele entrinnt.

Ja, dann fangt ihr mich auf,
helft mir hoch hinauf.
Mich wieder lieben zu lernen,
mit dem Blick zu den Sternen.

Gedenke an den Schritt nach Haus,
denn irgendwann schmeißt ihr mich raus.
Muss fliegen mit Flügeln aus Papier,
fahren mit offenem Visier.
Doch ich weiß genau,
dass ich in eine Schattenzukunft schau.
Finde irgendwann das Licht,
und ich hoffe, mir versperrt keiner die Sicht.

RTW

Wenn du mir begegnest erstarre ich,
unverständlich für andere doch nicht für mich.
Da war dieser eine Tag,
wo ein geliebter Mensch in dir lag.
Der Mensch kam nicht mehr heim,
7 ½ Jahre nur ernährt von braunem Schleim.
Da begann das Trauma,
hatte nun nur noch mehr Angst um meinen Papa.

Du bist bekannt für Rettung und Fürsorge,
doch ich meide dich für meine seelische Vorsorge.

Mit lauten Sirenen während der Fahrt,
und ich hoffe, ich werde davor bewahrt.
Bewahrt davor mich meiner Angst zu stellen,
denn sie äußert sich doch schon in kleineren Wellen.
Rief mir ein Taxi, damit die Tränen nicht flossen,
ließ meine Angst hinter Mauern verschlossen.
Die Angst, mir könnte was passieren,
raubte mir die Möglichkeit frei zu existieren.

Du bist bekannt für Rettung und Fürsorge,
doch ich meide dich für meine seelische Vorsorge.

Ich spüre das dumpfe Gefühl bei dem Anblick deiner
grellen Farben,
macht sie wieder sichtbar die alten Narben.
Diese bedrückende Stille, wenn während der Fahrt das
Blaulicht ausgeht,
und die Seele wegweht.
Spüre die schweren Lasten auf meiner Brust,
dass es die Angst ist, wird mir jetzt erst bewusst.
Dies selbst zu erleben, dass die Hilfe zu spät kam,
machte unsere Familie einsam.

Die neue Vorsorge ist geplant,
neue Erinnerungen zu schaffen, im Hinblick auf einen
besseren Zustand.

BRÜCKEN

Das Rauschen des Flusses im Ohr,
hinter mir liegt das Stadttor.
Das Tor, durch welches ich schritt nach meiner Geburt,
an dem ich empfangen wurd.
Empfangen von Emotionen,
und baldigen Situationen.
Konnte ja keiner ahnen, was geschieht,
und wie meine Kindheit aussieht.

Ein Bogen über dem Fluss der Tränen,
die positiven Emotionen brauch ich nicht zu erwähnen.

Schrie, damit ich Aufmerksamkeit bekam,
doch es wurde nur gestillt und so aß ich einsam.
Weinte, weil mein Lieblingskuscheltier verschmutzte,
sie sagten, das käme daher, dass ich es benutzte.
Die Tränen flossen als der Traum Besitz von mir
genommen hatte,
doch die Träume standen nicht zur Debatte.
Wurde still und die Tränen flossen in den Fluss,
denn so bekam ich wenigstens einen Gute Nacht-Kuss.

Ein Bogen über dem Fluss der Freude,
dahinter ein riesiges Gebäude.

Lachte über Scherze der Anderen,
dazu gehörten auch die Besonderen.
Die besonderen Momente der Zuneigung,
waren eine alternative Abzweigung.
Eine Abzweigung für die positiven Gefühle,
auch wenn ich oft in den schlechten wühle.
Freute mich über die Kleinigkeiten,
aus den früheren und heutigen Zeiten.

Ein Bogen über dem Fluss der Wut,
ließ lodern meine innere Glut.

War wütend auf die Ungerechtigkeit,
in der Gegenwart und in der Vergangenheit.
Die Wut kam hoch bei bestimmten Personen,
egal aus welchen Generationen.
Wütend auf die ganze Welt,
da niemand die richtigen Fragen stellt.
Wütete in mir drin,
denn es zu zeigen hatte keinen Sinn.

Ein Bogen über dem Fluss der Angst,
egal wie und wo du um dein Leben bangst.

Spürte die Höhenangst auf diesem Turm,
wegwehen könnte ich bei dem kleinsten Sturm.
Angst kam in mir hoch bei jedem Streit,
ich machte mich innerlich sofort bereit.
Bereit irgendetwas zu verlieren,
die Angst zu realisieren.
Merkte, wie die Angst mir auf der Seele lag,
und ich sie vor allen anderen verbarg.

Die Bögen der Emotionen wurden zu einer langen
Brücke,
dabei erinnere ich mich nur noch an Bruchstücke.

GEISTER

Renne um mein Leben,
will nur fort, würde alles dafür geben.
Geister der Vergangenheit rennen hinter mir her,
Träume wie damals sind die, die ich begehr.
Sehe Schatten ohne Gesichter,
werde angestrahlt im Schein der Lichter.
Geister, die in mir kämpften,
welche meine Gefühle dämpften.

Will sie fortschicken an einen anderen Ort,
will frei sein und das sofort.

Renne weiter und der Atem wird schwach,
liege nun die halbe Nacht schon wieder wach.
Versuche sie zu malen, um ihnen einen Raum zu
geben,
doch nachts bestimmen sie mein Leben.
Will ihre Schreie gar nicht hören,
denn ich weiß, dass sie nur stören.
Doch ignorieren kann ich sie auch nicht,
suche in der Dunkelheit das Licht.

Schrecke auf und schreie nach ihnen,
denn sie sind mir im Traum erschienen.

Sehe Dinge in Träumen, die noch nicht geschehen sind,
aus der Sicht von einem Kind.
Wache auf und lebe das Leben ganz normal,
doch sie werden wahr, das ist doch paranormal.
Denke, ich bin verrückt, dass dies geschieht,
ich bin doch die Einzige, die solche Sachen sieht.
Will gar nicht darüber reden,
sonst lasse ich mich nur überreden.

Will sie fortschicken an einen anderen Ort,
will frei sein und das sofort.

Renne durch den Flur der Träume,
habe Angst, dass ich was Wichtiges versäume.
Versuche, sie zu verscheuchen,
doch höre nachts ihr leises Keuchen.
Will doch nur normal sein wie die anderen,
vielleicht einfach auswandern?
Doch ohne Mittel geht es nicht,
das zu ertragen zeigt meinen Verzicht.

Schrecke auf und schreie nach ihnen,
denn sie sind mir im Traum erschienen.

Sehe die glücklichen Menschen um mich herum,
und frage mich einfach nur warum.
Wache auf und bin total verschwitzt,
es ist doch toll, dass du so eine Gabe besitzt.
Denke nur wie dumm das ist,
dass du so eine Gabe vermisst.
Will nur meinen Frieden,
doch unsere Welten sind zu verschieden.

DER UNSCHULD BERAUBT

Weißes Laken, weißes Kleid,
noch keine richtige Persönlichkeit.
Sie fingen an mich in Richtungen zu leiten,
war ich damals auf den richtigen Seiten?
Suchte nach Schutz und fand Intrigen,
dabei wollte ich die Dämonen doch besiegen.

Der Unschuld beraubt,
warum habe ich es überhaupt erlaubt?

Flecken auf meiner Seele,
bekam kein Wort aus meiner Kehle.
Schick mir nur ein Bild von dir,
wusste nicht wie ich reagier.
Damit wird schon nichts geschehen,
doch hinterher haben es doch alle gesehen.

Der Unschuld beraubt,
warum habe ich es überhaupt erlaubt?

Vertrauen verschenkt,
den Blick gesenkt.
Ausgenutzt durch die fehlende Unschuld,
es war ja alles meine Schuld.
Doch wer richtet über Schuld und Recht,
der Kampf ist der, der mich schwächt.

Der Unschuld beraubt,
warum habe ich es überhaupt erlaubt?

Nun am Ende doch allein,
das Gewissen ist nicht rein.
Dreckig weine ich mich in den Schlaf,
obwohl es mich oft nicht mal betraf.
Bekomme meine Unschuld nicht mehr zurück,
das weiße Kleid nur noch ein Erinnerungsstück.

ALKOHOL

Nur noch eine Flasche,
dann packst du den Rest in die Tasche.
Nur noch einen Schluck,
hörte, ich geb mir Mühe, guck.
War normal, dass abends das Bier fließt,
und die Folgen den Kindern die Tränen in die Augen
schießt.
Doch es ist gesellschaftlich anerkannt,
machen doch alle, unbekannt oder bekannt.
Wird verharmlost mit freien Getränken,
doch trotzdem die starken Sachen in den Schränken.

Ich will doch nur einmal erleben wie es ist, dass du
nüchtern bist,
und der Alkohol dich nicht auffrisst.

Das Wochenende wurde als Ausrede genutzt,
wenn ich mal Alkohol trinke, fühle ich mich wie
verschmutzt.
Es könnte jemand denken, ich bin wie ihr,
dabei sitze ich hier nüchtern vor dem Papier.
Die Kästen im Keller, die Flaschen im Schrank,
es macht euch doch so krank.

Merkt ihr nicht wie schlimm es ist,
du nicht mehr derselbe bist.
Die Sinne wie benebelt,
und die Konsequenzen mit Promille geknebelt.

Ich will doch nur einmal erleben wie es ist, dass du
nüchtern bist,
und der Alkohol dich nicht auffrisst.

SPIEGELBILD

Du schaust in den Spiegel und erkennst dich nicht,
vielleicht liegt es am Gewicht.
Vielleicht liegt es an den müden Augen, die mich
anschauen,
sag mir, kann ich ihnen trauen?
Den Augen, die ihren Schmerz nicht zeigen,
dem Mund befehlen zu schweigen.
Den Ohren, welche zu oft Lärm erlebten,
doch ich gehöre zu den Überlebenden?

Spieglein, zeige mir meinen Schmerz,
sprich aus meinem Herz.

Sehen dich andere genauso wie du dich selbst,
sehen sie, welchen Dämonen du dich jeden Tag stellst.
Sehen sie deine Ringe unter den Augen,
sehen sie welche Energie sie mir rauben?
Sehen sie den Mund, der zu oft ja gesagt hat?
Sehen sie nicht, ich habe es satt.
Sehen sie meine Kraft die ich verwendet habe,
sehen sie denn auch meine Gabe?

Spieglein, zeige mir meinen Schmerz,
sprich aus meinem Herz.

Doch, ich darf mich schön fühlen trotz des anderen
Spiegelbildes,
auch wenn es nicht passt ins Konzept des Weltbildes.
Doch, ich darf mich sexy anziehen, wenn ich das will,
und ich bleibe bei Beleidigungen nicht still.
Doch, ich darf mir meine Energie selbst einteilen,
und an schönen Orten lang verweilen.
Doch, ich darf mich in Musik verlieren,
denn sie lässt mich von Reizen distanzieren.

Spieglein, zeige mir meinen Schmerz,
sprich aus meinem Herz.

Da stehe ich nun vor dem Spiegel,
gebe mir die positiven Dinge mit Brief und Siegel.
Vielleicht liegt noch ein steiniger Weg vor mir,
vielleicht führt mein Weg mich zu dir.
Vielleicht bleib ich auch allein,
das Wichtigste ist, dass ich glücklich bin in meinem
Sein.
Den bösen Menschen den Rücken gekehrt,
denn ich bin nicht verkehrt.
Den Lieben meine Energie schenken,
so wird es mir nicht mehr so viel ausmachen über
Beleidigungen nachzudenken.

SEELENTRÖSTER
BRIEF
3

Hey du,

in diesem Abschnitt des Buches ging es um dein inneres und äußeres Ich.

Schon früh wurde ich für meinen Körper mitsamt seinen Gefühlen gehänselt.

Damals habe ich viele Tränen vergossen, ich war anders in meinem Handeln, Denken und Aussehen, diese Zeit hat mich sehr geprägt.

Vielleicht kennst du genau solche Gefühle oder Verurteilungen. Wenn ja, sage ich dir mit diesem Brief: »Du bist wunderschön, genau so wie du bist!«

Wer hat das Recht über Schönheit zu urteilen? Denk mal daran, was dein Körper und deine Seele ertragen mussten, da ist es doch nur deinem Körper und deiner Seele gerecht, wenn du anfängst ihn zu lieben!

Mit Keinem bist du mehr zusammen, als mit dir selbst. Also nimm dir einen Moment und tu deinem Körper etwas Gutes. Fahre sanft über deine Hände, dein Gesicht und deinen Kopf. Wie, wäre es, wenn du beim Streicheln deinem Körper etwas Liebes erzählst über ihn? Vielleicht etwas wie: »Danke, dass du mich überall hinträgst, wo ich hin möchte. Danke, dass du anderen Menschen ein

Lächeln entlockst. Danke, dass du mich mit Schmerzen auf dein Leid aufmerksam machst. Und vor allem, lieber Körper, danke, dass es dich gibt. Danke, dass du meine wundervolle Seele in dir trägst. Danke, dass du mir hilfst beim Überleben, wenn ich mal wieder in den Tiefen der Negativität versinke.

Also, lieber Mensch, ich weiß es ist nicht leicht, wenn man sich Jahre, Jahrzehnte für seinen Körper und/oder seine Seele geschämt hat. Doch ich bin dein Seelentröster, ich helfe dir, ich bin für dich, deinen Körper und deine Seele da.

Gemeinsam schaffen wir alles.

Also vergiss nicht wie schön du bist!

Deine Seelentrösterin Amy

Ein Blick in die Zukunft

KOFFER PACKEN

Ich ziehe den Reißverschluss auf,
erkenne noch den Aufkleber des letzten Aufenthaltes
darauf.
Lege mir das Nötigste zurecht,
dabei geht es mir mehr als schlecht.
Die obligatorischen Jogginghosen,
für die nächtlichen Gespräche mit den Schlaflosen.
Natürlich dürfen die Schlappen nicht fehlen,
um sich nach triggernden Situationen davonzustehlen.

Da ist diese Melancholie beim Kofferpacken,
und ich weiß, bald werde ich verstanden mit meinen
Panikattacken.

Packe ein Buch ein, in der Hoffnung lesen zu können,
um mir eine Minute Ruhe zu gönnen.
Schokolade für die Aufregung,
ist dort so eine Sache mit der Verpflegung.
Extra ein neues Notizbuch besorgt,
für die Einzelgespräche vorgesorgt.
Stifte dürfen auch nicht fehlen,
aber nicht die teuren, diese bieten Anlass zum Stehlen.

Da ist diese Melancholie beim Kofferpacken,
und ich weiß, bald werde ich verstanden mit meinen
Panikattacken.

Es fehlen noch die wichtigen Papiere,
muss aufpassen, dass ich sie nicht verliere.
Entlassungsbriefe und Medikationspläne,
wäre etwas, was ich dort als Erstes erwähne.
Rasierer und Bastelschere müssen Zuhause bleiben,
man muss es ja nicht übertreiben.
Packe die letzte Kleidung hinein,
für den Rest ist leider der Koffer zu klein.

Da ist diese Melancholie beim Kofferpacken,
und ich weiß, bald werde ich verstanden mit meinen
Panikattacken.
Hoffe, dieser Ort wird auch zu meinem Zufluchtsort,
und ich muss nicht so schnell wieder fort.

PUZZLETEILE

Jedes Teil eine Erinnerung,
mit jedem Teil die Hoffnung auf Besserung.
Sie entstehen aus der Freude am Leben,
aus dem Geben und Nehmen.
Aus Veränderungen,
auch aus Erschütterungen.
Viele unterschiedliche Farben,
lassen leuchten unsere innerlichen Narben.

Mal sind sie dunkel,
mal sind sie hell.
Puzzle langsam,
puzzle schnell.

Der Rand ist noch nicht gelegt,
das Innere ist das, was uns bewegt.
Noch ergeben die Teile kein Bild,
dadurch ist unsere Neugierde nicht gestillt.
Welches Teil entsteht nun heute,
was sagen am Ende nur die Leute.
Am Ende ein Bild in einem Album,
schwebend im weiten Universum.

Mal sind sie dunkel,
mal sind sie hell.
Puzzle langsam,
puzzle schnell.

Gedanken kreisen um die nächsten Teile,
jedoch dauert das Herstellen eine Weile.
Versuche lieber die Zeit produktiv zu nutzen,
und nicht so viel innerlich zu putzen.
Verändern können wir die vorhandenen Teile nicht,
doch die bunten Teile fallen am Ende ins Gewicht.
Also lasst uns bunte Momente schaffen,
und das ganz ohne Waffen.

Mal sind sie dunkel,
mal sind sie hell.
Puzzle langsam,
puzzle schnell.

DIE KLEINEN MOMENTE

Lerne dein Leben zu leben,
dies kann dir so viel Gutes geben.
Diese Entscheidung musst du selbst treffen,
denn sie wird nur dich allein betreffen.
Auch wenn du es gerade nicht leicht hast,
ist gut zu dir sein, doch ein schöner Kontrast.
Ein Kontrast zu all dem Dunklen in dir,
nimmst ab jetzt nur noch das Glück ins Visier.

Da sind die kleinen Momente im Leben,
sie können dir so viel Schönes geben.
Greife nach ihnen und pack sie in dein Herz,
glaub mir, es lindert deinen Schmerz.

Betrachte die bunten Blätter im Nebel,
sei dein eigener Freund, nicht dein eigener Feldwebel.
Schöpfe Kraft aus dem Positiven der Welt,
denn es ist unbezahlbar mit Geld.
All diese wunderbaren Möglichkeiten,
stehen dir zur Verfügung in deinen Wirklichkeiten.
Denn das Glück wartet nicht auf dich,
doch du trägst es in dir, eigentlich.

Da sind die kleinen Momente im Leben,
sie können dir so viel Schönes geben.
Greife nach ihnen und pack sie in dein Herz,
glaub mir, es lindert deinen Schmerz.

Vielleicht hast du es noch nicht gefunden,
und dein Mut ist verschwunden.
Keine Angst, durch kleine Seelentröster findest du ihn
wieder,
und schreibst irgendwann deine eigenen Lieder.
Du hast so viel Potential,
bist kreativ und auch sozial.
Also suche nicht nach Ausreden in deinem Leben,
denn dein Leben hat mehr zu geben.

BAUM-ALLEE

Bunte Blätter verteilen sich auf dem Boden,
mit ihnen kann man basteln, dennoch gibt es noch
andere kreative Methoden.
Ein Blümchen gewachsen aus einem Stein,
doch trotz des Dreckes ganz rein.
Die Bäume scheinen hell im Sonnenschein,
so wunderschön, genießbar auch allein.
Die Strecke scheint unendlich zu sein,
unter den riesigen Bäumen fühl ich mich so klein.

Die Kronen der Umwelt,
die kein Schauer aufhält.
Aufhält zu wachsen,
dabei sind sie nicht mal erwachsen.

Ich als Menschlein auf dem Weg,
noch keine Ahnung wo ich mich hin beweg.
In Richtung Zukunft,
mit im Gepäck, ein großes Glas Vernunft.
Fühl mich gehalten von ihren Schatten,
und den Wurzeln, die sie hatten.
Sie schenken mir Sicherheit,
vor meiner Vergangenheit.

Die Kronen der Umwelt,
die kein Schauer aufhält.
Aufhält zu wachsen,
dabei sind sie nicht mal erwachsen.

DER FREUND IN DIR

Ein kleiner Mensch in mir,
hat sich ab und zu gezeigt auf dem Papier.
Das Menschlein streichelt mich von innen,
vielleicht werden wir ja Freundinnen.
Sei lieb zu dir selbst,
bevor du dich komplett verstellst.
Es will mir helfen bei so vielem,
auf dem Weg nach etwas stabilem.

Du bist mein Freund in mir,
wir schöpfen beide von dem kreativen Elixier.

Ein zweites Herzchen in der Brust,
da wird mir erst die Existenz von dir bewusst.
Hast Gefühle und Bedürfnisse,
willst sie teilen, deine inneren Geheimnisse.
Schon bald möchtest du dich der Welt zeigen,
möchtest nicht mehr länger schweigen.
Willst verrückt durch die Gassen tanzen,
anstatt Puzzleteile zu stanzen.

Du bist mein Freund in mir,
wir schöpfen beide von dem kreativen Elixier.

Möchtest in Tränenpfützen springen,
möchtest mit Freunden ganz laut singen.
Hast den Traum, mehr im Vordergrund zu stehen,
aus dieser Kombination kann so viel Kreatives
entstehen.
Möchtest Lachen, dass der Körper bebt,
dass das große Ich den Kopf erhebt.

Denn nur so kann ich was Schönes sehen,
und mit dir, kleine Freundin, in die Zukunft gehen.

EIN VERSPRECHEN AN MICH

Schaute in den Spiegel und versprach,
versprach mir Dinge, an denen ich mir damals den
Kopf zerbrach.
Du bist talentiert und mutig,
manchmal unbewusst witzig.
Doch deine innerliche Reife,
ist gewoben wie eine Schleife.
Die Schleife aus deinem Erlebten,
war da, damit wir überlebten.

Du bist wertvoll, versprach ich mir,
sei lieb zu dir.
Denn dieses Versprechen gab ich mir,
unterschrieb es auf unsichtbarem Papier.

Neue Ziele auf der Tafel gesteckt,
mit bunten Farben bedeckt.
Mit genügend Zeit für mich,
seelisch und körperlich.
Mit genügend Energie werd ich sie schaffen,
und negative Dinge im Leben abschaffen.
Die Ziele führen mich ins Ungewisse,
mit vielleicht schönen Erlebnissen.

Du bist wertvoll, versprach ich mir,
sei lieb zu dir.
Denn dieses Versprechen gab ich mir,
unterschrieb es auf unsichtbarem Papier.

ZUKUNFTSPLÄNE

Da sind diese Rollen aus Papier,
vor denen graut es mir.
Es sind die Pläne für die Zukunft,
mit nicht definierbarer Herkunft.
Habe sie nicht selbst geschrieben,
war mehr konzentriert auf das Lieben.
Das Lieben von Herzensmenschen,
das Kommunizieren mit den Mitmenschen.

So sage mir, liebe Zukunft, ist dafür noch Platz?
oder steht es nur im letzten Satz?

Die Gesellschaft formte meine Pläne,
es endete in der Quarantäne.
Kein Körperkontakt zu den Lieben,
habe nur darüber geschrieben.
Die Luft wurde immer dünner,
und die Menschen immer dümmer.
Das Zwischenmenschliche blieb auf der Strecke,
verkroch mich nur noch unter der Decke.

So sage mir, liebe Zukunft, wird dies nochmal
geschehen?
oder wird die wohltuende Liebe gesehen?

Eine Liebe, welche die Zukunft umkrempeln kann,
mit Zukunftsplänen zusammen irgendwann?
Es wird drum gestritten,
was wird nun aus den Plänen gestrichen?
Was wird neu hinzugefügt,
und was genügt?
Wachsen unsere Pläne zusammen zu einer Karte,
oder gehen sie auf Wanderschaft wie eine Postkarte?

So sage mir liebe Zukunft, wozu die neuen Pläne
machen?
Denn es kommen ja immer mehr unvorhersehbare
Sachen.
Sachen, welche die Pläne verwerfen,
und eventuell tickende Zeitbomben entschärfen.

Ein kleiner weißer Kieselstein,
so unschuldig, rund und klein.
Er steht für die Hürden im Leben,
doch er konnte mir so viel geben.
Er gibt mir Hoffnung auf die kleinen Wunder,
durch die Wellen der Vernunft wird er runder.
Geformt von außen und von innen,
nun kann die Zukunft beginnen.

Ich brauche die Meilensteine in meinem Leben,
denn ich möchte schließlich Zufriedenheit anstreben.
Die Kieselsteine auf dem Weg ins Neue,
nehme ich nun wahr, bevor ich es bereue.

Sie sind die Meilensteine meines Lebens,
sie zu leugnen ist vergebens.
Beschriftet, geordnet und sortiert,
fein säuberlich auf meiner Lebenslinie deponiert.
Irgendwann ergeben sie ein Muster,
ich lebe dann auch viel bewusster.
Bewusster in der Gegenwart,
habe meine Gefühle den Lieben offenbart.

Ich habe die Meilensteine in meinem Leben,
denn ich werde schließlich Zufriedenheit anstreben.
Die Kieselsteine auf dem Weg ins Neue,
wird das, worauf ich mich in der Zukunft freue.

ZUKUNFTSANGST

Wenn du auf einmal die freie Wahl hast,
ist das eine ganz schön große Last.
Diese Last der freien Wahl,
ist für meinen Kopf eine Qual.
Was fange ich mit meinem Leben an,
bereue ich die Entscheidung irgendwann?
Oder würde ich es jederzeit wieder so machen,
Fragen über Fragen nach dem Aufwachen.

Alle fragen mich: »wann gehst du wieder?«
Dabei öffne ich gerade erst meine Lider.
Bin erschöpft vom ganzen Denken,
doch sie wollen mich in die richtige Richtung lenken.

Du hast doch so viel Potential,
bist doch immer so sozial.
Bleib doch in der Richtung,
das war doch damals deine Lichtung.
Die Möglichkeit selbstständig zu sein,
bereue es doch deswegen nicht im Nachhinein.
Du bist für die Kinder eine Bereicherung,
doch sie hält sich in Grenzen, meine Begeisterung.

Alle fragen mich:»wann gehst du wieder?«
Dabei öffne ich gerade erst meine Lider.
Bin erschöpft vom ganzen Denken,
doch sie wollen mich in die richtige Richtung lenken.

Ich will nicht mehr so eingeschränkt sein,
möchte es genießen anstatt zu vergessen mit Wein.
Möchte freier arbeiten ohne so viel Druck,
wünsche mir morgens einen glücklichen
Gesichtsausdruck.
Gibt es da draußen so eine Möglichkeit,
dann hoffe ich, die Chance dafür liegt nicht in der
Vergangenheit.
Doch trotzdem brauche ich Sicherheit,
Sie gibt mir ein Gefühl von Dazugehörigkeit.

Alle fragen mich:»wann gehst du wieder?«
Dabei öffne ich gerade erst meine Lider.
Bin erschöpft vom ganzen Denken,
doch sie wollen mich in die richtige Richtung lenken.

Die Zukunftsangst schränkt mich ein,
das zu werden, was ich will zu sein.
So viele Faktoren zu beachten,
mag doch nur die Zukunft betrachten.
Aber wir können nicht wissen was morgen geschieht,
Also bleibt mir nichts anderes übrig als zu riskieren,
und mich von dem Negativen zu distanzieren.

Ich kann euch noch keine Antwort geben,
muss erst versuchen glücklich zu leben.
Mache mich nun aktiv auf die Suche,
indem ich mein Inneres besuche.
Höre nun auf das Wispern meines Herzens,
und ignoriere nicht mehr meine Schmerzen.
Fange an, sie bewusst zu heilen,
und versuche im Moment zu verweilen.

WÜNSCHE

Ich wünsche mir mehr Mut,
zu glauben an mein Gedankengut.
Ich wünsche mir mehr Liebe,
dass ich mich wieder neu verliebe.
Ich wünsche mir mehr Zeit,
für die Reifung meiner Persönlichkeit.
Ich wünsche mir mehr Frieden,
denn wir Menschen sind alle verschieden.

Ich schicke meine Wünsche hoch hinaus,
warte hier in meinem kleinen Haus.
Darauf, dass sie in Erfüllung gehen,
bleibe auf meinem Lebensweg an den richtigen
Stationen stehen.

Ich wünsche mir mehr Zufriedenheit,
weniger Sorgen aus der Vergangenheit.
Ich wünsche mir mehr Lachen,
mehr Glücksmomente machen.
Ich wünsche mir mehr Leichtigkeit,
und weniger Vergänglichkeit.
Ich wünsche mir mehr Geborgenheit,
weniger Zerrissenheit.

Ich schicke meine Wünsche hoch hinaus,
warte hier in meinem kleinen Haus.
Darauf, dass sie in Erfüllung gehen,
bleibe auf meinem Lebensweg an den richtigen
Stationen stehen.

Ich wünsche mir mehr Freiheit,
in dieser großen weiten Welt.
Ich wünsche mir mehr Akzeptanz,
bleibe weniger auf Distanz.
Ich wünsche mir mehr Gelassenheit,
da sind Wünsche doch die beste Gelegenheit.

Ich hoffe meine Wünsche kommen an,
vielleicht erreichen sie mich irgendwann.
Bis dahin warte ich in meinem kleinen Haus,
und mache das Beste draus.

Hey du,

dies ist mein letzter Seelentrösterbrief in diesem Buch an dich. Ich habe dich mit meinen Briefen das ganze Buch über begleitet. Nun, wenn du diesen Brief liest, ist das Buch leider beendet. Ich möchte dir mit diesen Zeilen eine wichtige Botschaft mit auf den Weg geben:»Du bist wundervoll!«

Ja, wir vergessen oft in den Tiefen unseres Lebens wie wundervoll und einzigartig wir sind.

Dieses Kapitel handelte von dem Blick in die Zukunft. Die Zukunft ist ein Thema, das sehr viele Menschen dort draußen bewegt.

Auch mich beschäftigt dieses Thema sehr. Ich hatte vor ein paar Jahren Pläne für die Zukunft und doch ist alles anders gekommen, als ich es mir ausgemalt habe.

Wir können die Zukunft nur in gewissen Maßen beeinflussen, wir können planen und uns an Pläne halten, ja, das geht. Jedoch gibt es immer wieder unvorhersehbare Dinge, die unsere Pläne umkrempeln.

Also, was ich dir genau jetzt sagen möchte, ist:»Lebe lieber in dem Moment. Denn diesen kannst du bestmöglich nutzen und formen und das ganz nach deinen Vorstellungen.«

In den Gedichten ging es um meine Zukunftspläne, Zukunftsgedanken und Zukunftsängste. Ich habe mich entschieden nur noch in diesem Moment zu leben. Ich genieße die Momente mit meinen Freunden, meiner Familie und mit meinen Herzensmenschen.

Also, du wunderbarer Mensch, höre nie auf zu träumen und vergiss nicht den Moment zu genießen. Fühle dich umarmt von meinen Worten, sie sind in guten wie auch in schlechten Zeiten immer für dich da!

Deine Seelentrösterin
Amy

Triggerwarnung

Seelentröster ein Wispern aus dem Inneren behandelt Gedichte, welche ich in schweren Zeiten geschrieben habe. Die Gedichte handeln von der Verarbeitung verschiedener Themen: *Trauer, emotionale und körperliche Gewalt, verbale Gewalt, das Erlebnis einer Vergewaltigung, körperliche und seelische Schmerzen, Liebeskummer, Mobbing, Albträume, Depressionen, suizidale Gedanken und die daraus entstehenden Traumata.* Keine der folgenden Trigger beschreiben konkrete Handlungsabläufe, sondern eher die Gedanken, die aus solchen traumatischen Erlebnissen resultieren.

Wenn dich eines dieser Themen triggert, bitte ich dich, diesen Gedichtsband nicht allein zu lesen. Auf der nächsten Seite findest du Hilfsangebote, welche du in Anspruch nehmen kannst, wenn du Ähnliches erlebt hast oder dich nicht gut fühlst.

Hilfsangebote

Wie in der Triggerwarnung erwähnt, findest du hier verschiedene Tipps und Hilfsangebote, an die du dich wenden kannst, wenn es dir seelisch nicht gut geht.

Psychiatrische Notfallambulanz

Eine psychiatrische Notfallambulanz findest du in fast jedem Krankenhaus in Deutschland. Du kannst im Internet nach der Psychiatrischen Notfallambulanz in deiner Nähe suchen.

Sorgentelefon

Es gibt ebenfalls die Möglichkeit sich an ein Sorgentelefon zu wenden. Geht es um ein spezielles Thema wie zum Beispiel Gewalt an Frauen gibt es auch noch andere Nummern. Das allgemeine Sorgentelefon in Deutschland findest du unten. Die Nummern sind alle kostenlos und anonym.

TelefonSeelsorge

" JEDER BRAUCHT MAL HILFE

0800-1110111
0800-1110222

www.telefonseelsorge.de

Außerdem gibt es noch die Nummer gegen Kummer für Kinder und Jugendliche, welche ebenfalls als Sorgentelefon dient.

Nummer gegen Kummer: 116111
Elternsorgentelefon: 08001110550

Danksagung

Wow, ich bin von diesem Buch einfach immer noch geflasht. Es ist so ein einzigartiges Projekt und ich freue mich sehr, dass es den Weg in die große weite Welt geschafft hat.

Besonderen Dank geht wie auch im letzten Buch an meine liebe Andrea, du unterstützt mich bei jedem Gedicht was ich schreibe und stehst an meiner Seite. Danke. Natürlich auch noch mal einen sehr großen Dank ans liebe Korrektorat, durch das Seelentröster so viel professioneller geworden ist.

Außerdem möchte ich einem Menschen besonders danken, du hast mich in meinem Vorhaben immer unterstützt, warst bei meiner Lesung von Seelengeflüster und bist im letzten Jahr zu einer Freundin geworden. Danke liebe Lena, dass du immer an mich und meine Projekte glaubst. Danke, dass du mein Leben mit deiner positiven Art so viel bunter machst.

Einen weiteren großen Dank möchte ich an meine Freundin Jessy senden, wir haben uns letztes Jahr wiedergefunden und ich weiß bis heute nicht wie ich es ohne dich so lange ausgehalten habe. Du hast mich bei diesem Projekt unterstützt und mich beim Schreibprozess begleitet. Du hast dich mit mir zusammen gefreut, wenn etwas Neues entstanden ist. Danke.

Außerdem möchte ich noch meiner besten Freundin Jaqueline danken. Du bist einer der wichtigsten Menschen in meinem Leben. Du versuchst mich immer wieder aus dunklen Tagen herauszuholen. Danke, dass du ein Teil meines Lebens bist. Ich hab dich so unfassbar lieb und bin immer für dich da.

Und natürlich dürfen all meine Leser*innen nicht fehlen. Danke, dass ihr meine Bücher gekauft habt. Danke, dass ihr Rezensionen geschrieben habt oder noch schreibt, welche meine Bücher sichtbarer machen. Danke, dass ihr mir helft, psychische Erkrankungen sichtbarer zu machen und die Poesie ins heutige Zeitalter zu holen.

Danke, dass es euch alle gibt!

Über die Autorin

Amy Amalia wurde 1999 in Nordrhein-Westfalen geboren. Ihre Leidenschaft zu Büchern fing schon früh an. Sie ist stolze Katzenmama von zwei Jungs und ist leider oft sehr perfektionistisch. Letztes Jahr im Juli erschien ihr Debüt Seelengeflüster-vom Kopf rein ins Herz. Damit erfüllte sie sich ihren großen Wunsch. Nun folgt die Fortsetzung in Form von Seelentröster-ein Wispern aus dem Inneren.

Ihre Bücher